● 编委会

主　任：刘　炜　孙秀丽　黄丽丽

主　编：钱初熹　朱黎兵

编　委（按姓氏笔画为序）

马蔚斌　吕云萍　李　莉　邱云章

张　泽　张旭东　陈怡婷　郑杰才

郑宝珍　郑惠婷　徐英杰　徐耘春

赖思沁

● 全国教育科学"十四五"规划2021年度教育部重点课题"五育融合视域下小初高一体化美育课程体系建构及实施策略研究（批准号DLA210382）"研究成果

● 厦门英才学校"以美融通五育一体化育人体系"之美育课程系列

福建卷

非遗里的中国智慧

主编 钱初熹 朱黎兵

幼儿分册

厦门大学出版社
XIAMEN UNIVERSITY PRESS
国家一级出版社
全国百佳图书出版单位

图书在版编目（CIP）数据

非遗里的中国智慧. 福建卷. 幼儿分册 / 钱初熹，朱黎兵主编. -- 厦门 ：厦门大学出版社，2025.3.
ISBN 978-7-5615-9490-2

Ⅰ. G122

中国国家版本馆 CIP 数据核字第 20259ZK324 号

责任编辑　郑　丹
美术编辑　李嘉彬
技术编辑　许克华

出版发行　厦门大学出版社
社　　址　厦门市软件园二期望海路39号
邮政编码　361008
总　　机　0592-2181111　0592-2181406（传真）
营销中心　0592-2184458　0592-2181365
网　　址　http://www.xmupress.com
邮　　箱　xmup@xmupress.com
印　　刷　厦门集大印刷有限公司

开　本　889 mm×1 194 mm　1/16
印　张　36.25
插　页　2
字　数　988 千字
版　次　2025 年 3 月第 1 版
印　次　2025 年 3 月第 1 次印刷
定　价　168.00 元（全 5 册）

本书如有印装质量问题请直接寄承印厂调换

目录

衣 / 1
惠女服里的"人间烟火味"
感受与欣赏 …………………………………… 3
表现与创造 …………………………………… 7

食 / 13
感受闽南的茶乐趣
感受与欣赏 …………………………………… 15
表现与创造 …………………………………… 21

住 / 27
遇见有趣的土楼
感受与欣赏 …………………………………… 29
表现与创造 …………………………………… 33

行 / 37
感知闽南福船
感受与欣赏 …………………………………… 39
表现与创造 …………………………………… 45

衣

福建篇

非遗里的
中国智慧

FEIYILI DE
ZHONGGUO
ZHIHUI

幼儿分册

惠女服里的"人间烟火味"

（感受与欣赏）

🍀 **主题活动情境**

在六一儿童节到来之际，祖国各地的小朋友们来到我们幼儿园表演节目，他们身穿各种服饰，请大家找到来自家乡闽南的小伙伴。

哪个小朋友的服饰是惠安女服饰呢？

🍀 **主题活动任务**

通过欣赏中国传统服饰的图片，引导幼儿观察并欣赏惠安女服饰的独特风格，引导幼儿探讨服饰中蕴含的中国传统智慧。用儿歌总结活动，拓展到区角和主题墙。

🍀 **主题活动目标**

· 能知道：惠安女服饰的组成部分及其特征。
· 能做到：分析惠安女服饰的实用性。
· 能理解：斗笠、上衣、裤子的特点和作用，服饰中蕴含的中国智慧。

🍀 **主题活动评价**

· 能了解惠安女服饰的特点。
· 能理解惠安女服饰中所蕴含的设计智慧——实用与美观相结合。

🍀 **中国智慧**

惜物勤俭、因地制宜、守望相助

美丽恬静
——别致的惠女服

小朋友，请你猜一猜：
哪个是中国的传统服装？
哪个是福建特色的民族服饰？

说一说

小朋友，惠安女服饰的特点有哪些？

斗笠

宽裤

头巾

短衫

服饰智慧

劳作中诞生，实用与美观相结合，追求与自然的和谐美。

宽裤：便于涉海，打湿易干。

短衫：便于劳作，避免劳作时弄脏衣袖。

斗笠：顶炎日，御寒防晒。

头巾：抵挡风沙，增加美感。

5

惠女服里的"人间烟火味"

（表现与创造）

🍀 主题活动情境

亲爱的小朋友们，我们将带领大家深入闽南地区的海岸线，亲身体验一下惠安女的劳动环境。你们可以近距离观察她们是如何在海边进行各种工作的，比如捡拾贝壳、编织渔网等。看一看，想一想，她们的服装是不是比你们的更适合海边劳动？

🍀 主题活动任务

引导幼儿观察并分析惠安女服饰的组成部分及其特征，着重理解斗笠、上衣、裤子的特点和作用。教师教授制作技巧并辅助幼儿创作出具有惠安女服饰特色的艺术作品，引导幼儿探讨并表达服饰中所蕴含的中国智慧。

🍀 主题活动目标

- 能知道：惠安女服饰的特点。
- 能做到：运用多种形式表现惠安女服饰，体会艺术活动的乐趣。
- 能理解：惠安女服饰中蕴含的设计理念。

🍀 主题活动评价

了解惠安女服饰的组成部分及其特征，着重理解斗笠、上衣、裤子的特点和作用。

能通过多种形式表现惠安女服饰，体会艺术活动的乐趣，理解服饰中蕴含的中国智慧。

🍀 中国智慧

因地制宜、守望相助

御寒防晒
——我戴一顶金箬笠

请你来观察

小朋友,惠安女劳动的环境怎么样?惠安女头上斗笠的作用是什么?

惠安金箬笠

试一试

小朋友，我们一起来为惠安女制作一顶斗笠吧！

所需材料：剪刀、黄色卡纸、双面胶、纸巾、颜料、调色盘等。

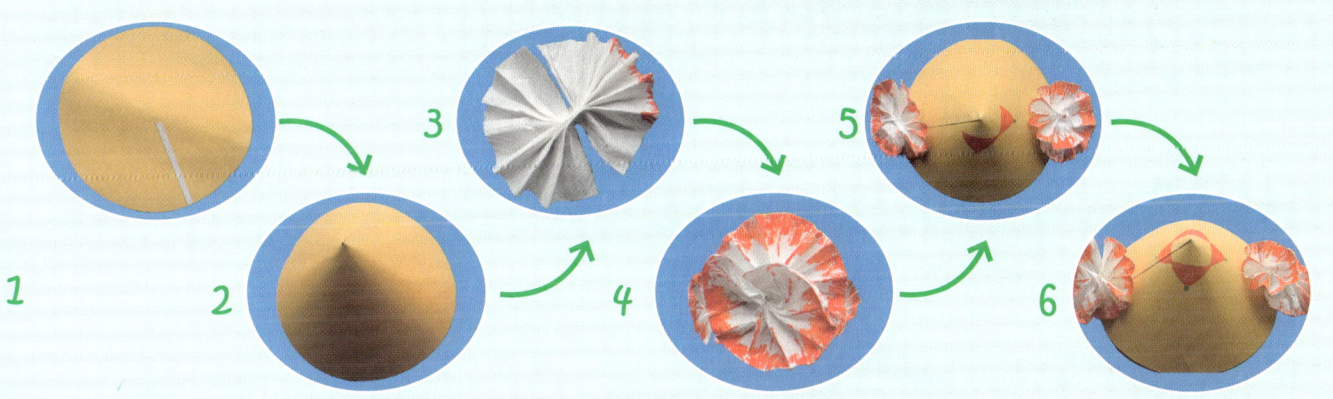

制作步骤

（1）沿圆形黄色卡纸半径贴双面胶并裁剪开来；
（2）卷起卡纸，粘贴固定；
（3）折卫生纸做花，用回形针固定中心；
（4）用马克笔上色装饰；
（5）将花贴在斗笠两侧，并在斗笠上画上四个红三角和绿纽扣；
（6）斗笠完成；

延伸：区角活动

（7）教师制作惠安女的立形牌，将头巾部分留白；
（8）在头巾空白处添画纹样，惠安女形象完成。

小朋友，把你制作完成的斗笠给美术区角的惠安女戴上吧！你可以继续装饰斗笠，也可以帮她设计一款美丽的头巾。

短衣宽裤
——惠女服的小巧思

想一想

惠安女服饰从上到下都是宝，你们还记得吗？

服饰智慧

短衣让惠安女便于劳作，避免弄脏衣袖；宽裤的作用是让惠安女便于涉海，打湿易干。

试一试

小朋友，我们一起为勤劳的惠安女设计一套服装吧！

所需材料：画纸衣服半成品、染料、画笔、水杯、深色彩纸、剪刀等。

制作步骤：

1. 上衣（方法1）
（1）用水彩笔点画上花纹；
（2）用笔头湿润的毛笔把花纹晕染开；
（3）静待画纸慢慢变干，衣服完成了。

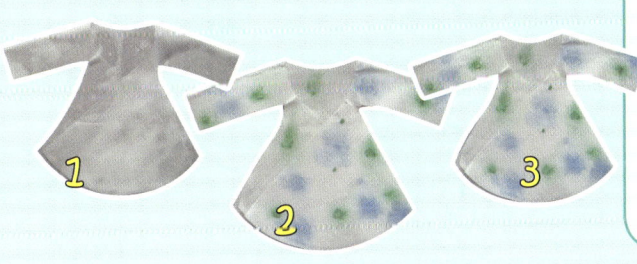

2. 上衣（方法2）
（1）在画纸上刷水，调颜料；
（2）用毛笔蘸颜料在画纸上点染；
（3）静待画纸慢慢变干，衣服完成。

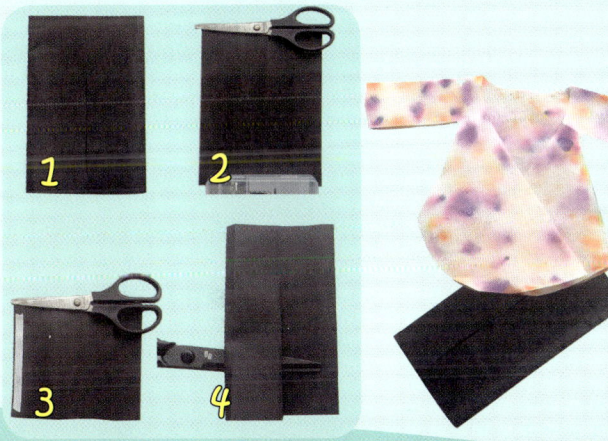

3. 裤子
（1）准备深色彩纸；
（2）比对上衣宽度，将彩纸等分折成4栏；
（3）裁剪彩纸并在两面贴上双面胶；
（4）把裤筒撑开，从中间剪开彩纸；
（5）惠安女的宽裤完成了。

11

食

福建篇

非遗里的中国智慧

FEIYILI DE ZHONGGUO ZHIHUI

幼儿分册

感受闽南的茶乐趣
（感受与欣赏）

❀ 主题活动情境

闽南人好饮茶，饮茶已经成为他们日常生活必不可少的重要组成部分，对他们来说，"宁可百日无肉，不可一日无茶"。位于福建龙岩的漳平市有着优越的地理环境，为茶叶的生产提供了有利的生长条件。让我们一起从水仙茶的特点、茶饼的制作两个部分寻踪闽南茶文化。

❀ 主题活动任务

· 从外形、颜色等角度出发，了解水仙茶的特点。

· 了解茶饼的制作过程，能分辨制作茶饼的步骤，并从中感悟茶所蕴含的中国智慧。

· 能够知道制作水仙茶饼过程中最重要的步骤。

❀ 主题活动目标

· 能知道：漳平水仙茶的基本知识、制作茶饼的步骤和中国古代茶画。

· 能做到：分辨水仙茶饼的外形，了解制作茶饼过程中最重要的环节。

· 能理解：闽南茶文化是中华优秀传统文化的重要载体。

❀ 主题活动评价

类型	水仙茶的特点	茶饼的制作	制作茶饼最重要的环节	茶的智慧
自测				
辨析				
讨论				

❀ 中国智慧

欲速则不达

认识漳平水仙茶

漳平市位于福建中南部，是典型的"九山半水半分田"地貌。这里的气候温热湿润，雨水充足，有利于作物多熟和林木速生，为茶叶的生产提供了有利的自然条件。

找一找

请小朋友们仔细观察右边两张图片中的茶叶。哪种茶叶更紧凑呢？

知识窗

漳平水仙茶饼是福建省漳平市的特产。茶叶紧紧缩在一起，很有特点，是中国非常有名的茶叶产品哦！

制作水仙茶饼

水仙茶饼的制作过程非常漫长，从鲜叶阶段开始一共有 7 个步骤，小朋友们一起来看一看它们分别是什么吧！

采摘

晒青

做青

杀青

揉捻

造型

干燥

试一试

请小朋友们猜一猜：7 个步骤中哪个步骤最重要呢？

一起来做游戏吧

圈一圈

右边四张图中,哪一张图表示的是做青的步骤呢?请小朋友们用圆圈画出来吧!

连一连

请小朋友们把上面闽南茶叶图片和与其外形相同的图形连起来吧!

茶中智慧

茶叶从种植到采摘需要经过时间的沉淀,不能急于求成哦。

古人也爱喝茶

《煮茶图卷》（明）王问

《饮茶图》（南宋）

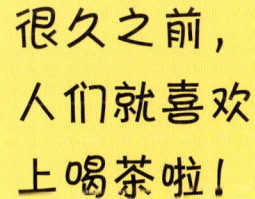

很久之前，人们就喜欢上喝茶啦！

《斗茶图》（明）唐寅

感受闽南的茶乐趣

（表现与创造）

❀ 主题活动情境

中国是茶文化的发源地，有着上千年的饮茶历史。在古代，人们会在集会时和自己的朋友们一起煮茶、喝茶，吟诗作对，他们不仅是在喝茶水，更是在饮茶的过程中享受平静。我们一起来欣赏记录古人喝茶情景的绘画作品，感受茶文化。

❀ 主题活动任务

- 从绘画作品中了解古人饮茶时的场景。
- 制作出具有创意的茶杯。
- 和父母或者朋友一起"制作茶包"并模拟品茶。

❀ 主题活动目标

- 能知道：了解古人饮茶的场景，知道2种以上的茶叶名称。
- 能做到：用材料设计茶杯并制作出来；用材料制作茶包并模拟饮茶。
- 能理解：中国茶文化蕴含的生活智慧。

❀ 主题活动评价

类型	古人饮茶场景	设计茶杯	制作茶包	模拟饮茶
自测				
辨析				
讨论				

❀ 中国智慧

仁者见仁、智者见智

创意茶杯设计

适合年级：幼儿园大班
创作类型：综合材料
准备材料：彩色卡纸、水彩笔、黑色勾线笔、铅笔、剪刀、橡皮
活动时长：30分钟

准备好材料

操作步骤

1. 选择一张卡纸，并在上面设计出茶杯、茶杯把手的形状

2. 用剪刀把画好的茶杯剪下来

3. 用花纹装饰茶杯

使用剪刀的时候要注意安全哦！

按照纹路描边并上色

用胶水粘茶杯和茶杯把手

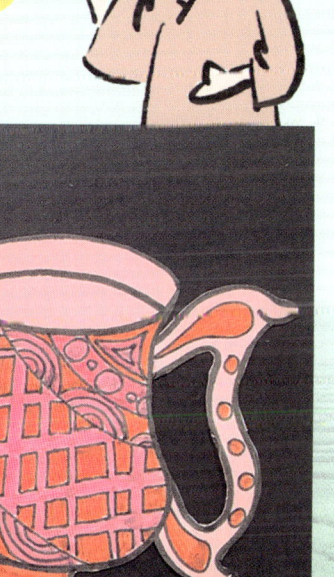

大功告成啦!

和小伙伴们一起分享吧!

模拟品茶

红茶

武夷大红袍

漳平水仙茶

模拟品茶

适合年级：幼儿园大班

准备材料：

　　小朋友准备已做好的茶杯

　　老师准备纸质茶壶、纸质茶包

活动时长：10分钟

茶叶都被老师装进茶包里啦，选择你喜欢的茶叶，和小伙伴们一起"享用"吧！

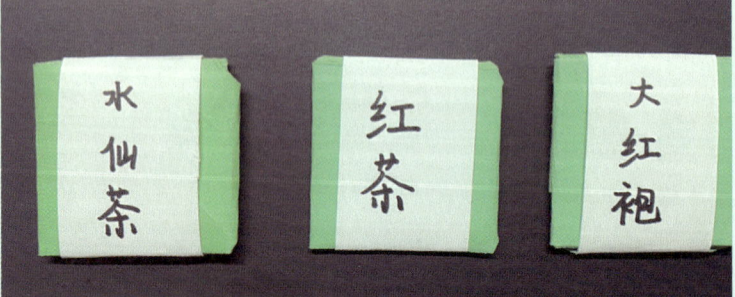

小朋友们回家之后可以和爸爸妈妈交流学习到的茶叶知识，并品尝哦！

超轻黏土

想一想

还可以用什么材料来制作杯子呢?

色彩搭配

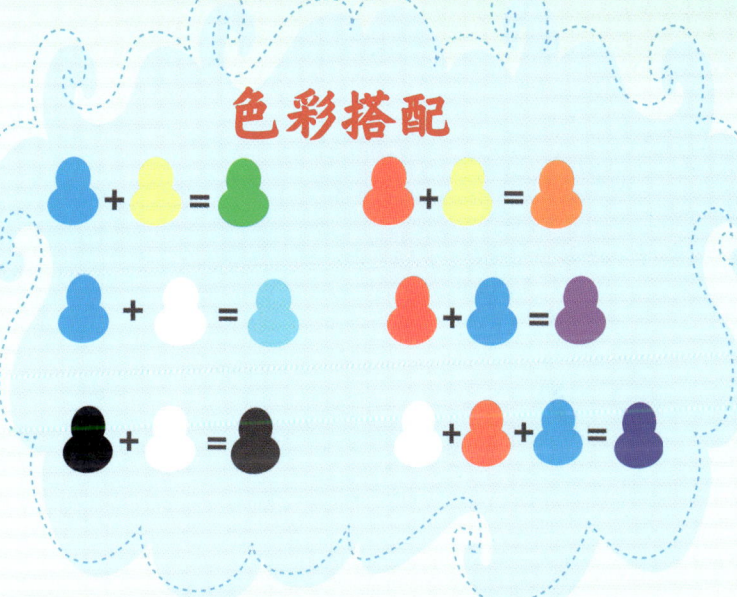

小提示

1. 活动结束之后记得把超轻黏土放到塑封袋里哦。
2. 如果超轻黏土干掉了,可以喷点水。

选择自己喜欢的颜色

用刻刀刻出杯子的部件和装饰图形

拼接杯子并装饰杯子

住

福建篇

非遗里的中国智慧

FEIYILI DE ZHONGGUO ZHIHUI

幼儿分册

遇见有趣的土楼

（感受与欣赏）

❋ 主题活动情境

小朋友们，今天你们将有机会成为小小建筑师。在这个特别的任务中，你们需要为朋友们寻找适合的房子。你们要仔细考虑每个朋友的需求和喜好，为他选择一个既舒适又实用的家。

在这个过程中，你们将发现福建土楼，并探索为什么土楼是许多闽南人梦想中的家园。

❋ 主题活动任务

通过欣赏建筑图片，了解民居；通过阅读绘本、观察土楼的摄影图片等，了解土楼的造型特征、营造技艺，引导幼儿讨论土楼所蕴含的中国智慧，增进对家乡的热爱之情。

❋ 主题活动目标

·能知道：土楼建筑堆砌的材料都来源于生活。

·能做到：会分析土楼集体生活的特点。

·能理解：建筑中蕴含的中国智慧。

❋ 主题活动评价

·能了解土楼建筑的主要特点、建造材料。

·能理解至少一种建筑所蕴含的智慧。

❋ 中国智慧

分甘共苦、守望相助

29

房子中的甜甜圈

猜一猜

小朋友，这是谁的家？

甜甜圈土楼

狗窝

谁的家

鸟窝

蜘蛛网

说一说

小朋友，土楼有什么特点？

营造智慧

土楼的由来：战乱发生，百姓为自保而建。

土楼的材料：就地取材，山里的泥土。

土楼的形状：不只圆形，还有半圆形、四角形、五角形等。

土楼的优点：住房、堡垒二合一，能够防御野兽和敌人。

遇见有趣的土楼

（表现与创造）

❀ 主题活动情境

踏入福建的山区，我们看到座座土楼错落有致，请小朋友们亲身感受一下土楼的生活环境，体验当地居民的生活日常。回到幼儿园后，小朋友们可以把自己在土楼中的生活体验，通过绘画或者做手工的形式，分享给大家。小朋友可以画出土楼的美丽景色，也可以制作一个土楼的模型，甚至可以画出自己在土楼中遇到的有趣的事情。

❀ 主题活动任务

探索福建土楼建筑之奇，欣赏其独特构造，运用绘画或手工制作技巧表现福建土楼的特色，初步理解并能说出福建土楼所承载的中国传统建筑智慧。

❀ 主题活动目标

· 能知道：闽南土楼的类型和空间布局。

· 能做到：运用多种艺术方式表现土楼。

· 能理解：建筑中蕴含的中国智慧。

❀ 主题活动评价

· 能了解闽南土楼建筑的特点。

· 能运用多种形式表现土楼，体会艺术活动的乐趣。

· 能理解至少一种建筑所蕴含的智慧。

❀ 中国智慧

形意相生、因地制宜

我的小小土楼

试一试

小朋友，我们一起来制作一个小土楼花盆吧！

所需材料

花盆、超轻黏土、沙、小石子、落叶等。

制作步骤

1. 用超轻黏土包裹花盆外表，制作土楼主体
2. 压画砖墙形状 
3. 制作大门 
4. 安装大门 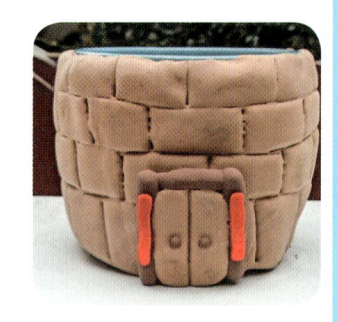
5. 用沙土、碎石子等装饰土楼主体 
6. 制作屋顶 
7. 种上植物 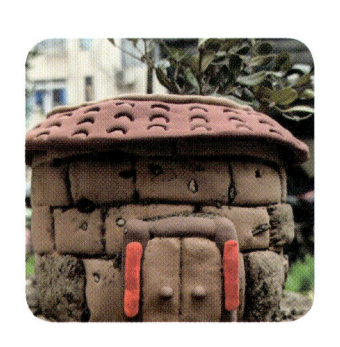
8. 土楼花盆完成 

用你制作的小花盆，来装饰我们的植物角吧！

土楼大家庭

猜一猜

小朋友，为什么这么多人居住在一起呢？

生活智慧

分甘共苦，守望相助

一座土楼中通常居住着同一个家族的人，左邻右舍都是自家的亲戚，相处和睦。阳光明媚的日子里，孩子们会在院子里追逐嬉戏。

试一试

小朋友，我们一起去土楼里玩耍吧，画出你心中的土楼大家庭。

所需材料

大画纸，颜料，画笔，马克笔等。

制作步骤

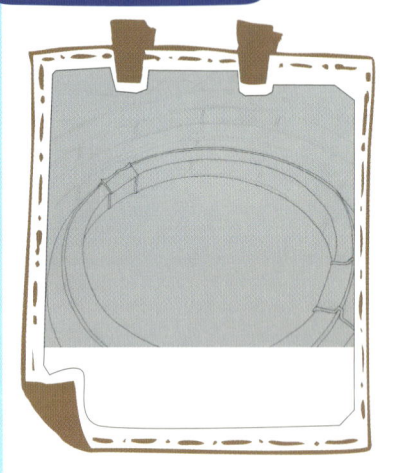

1. 画出土楼草稿图
2. 简单涂上背景颜色 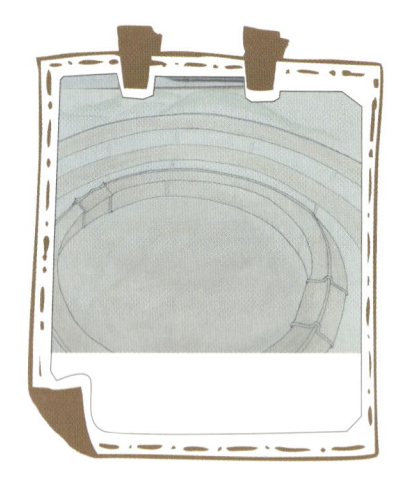
3. 添画细节 
4. 可以在其他纸上画好细节，剪贴在土楼里 
5. 集体合作，添加自己喜欢的内容 
6. 《土楼大家庭》完成图

行

福建篇

非遗里的中国智慧

FEIYILI DE ZHONGGUO ZHIHUI

幼儿分册

感知闽南福船

（感受与欣赏）

🍀 主题活动情境

"出行"是人们生活中的重要一环，在不同的时代，人们的出行方式各不相同。早在唐宋时期我国的造船业就已经成熟，船随之成为人们出行和贸易的重要交通工具。至明代，造船业发展到了顶峰，福船也成了郑和下西洋的重要帮手。今天我们就一起走近福船，一探其中的奥秘吧！

🍀 主题活动任务

福船是我国古代海船中的一种船型，是中国"四大古船"之一，它不仅是实用的交通工具，还是独特的艺术珍品。通过本活动的学习，小朋友可以初步了解福船的相关知识，表达自己的理解，并从交流与体会中获得新的体悟。

🍀 主题活动目标

能知道：福船的视觉元素和主要构成部分。

能做到：简单描述福船形状及颜色等外观特征。

能理解：福船蕴含的中国智慧。

🍀 主题活动评价

1. 学生能否通过福船相关背景信息的学习提升对福船文化学习的积极性。

2. 学生能否认识并描述图片中的基本形状。

🍀 中国智慧

分甘共苦、空间营造

学知识

你们好！我叫郑和，是一名航海家。我曾经七次远航西洋，到过30多个国家，乘坐的正是图中的"福船"。

好有趣的船，它有好多颜色，还有一双大眼睛。

这正是它的特色，接下来让我们做一些小游戏来了解福船吧！

找 图形

好多福船拼图呀，快来贴一贴吧！

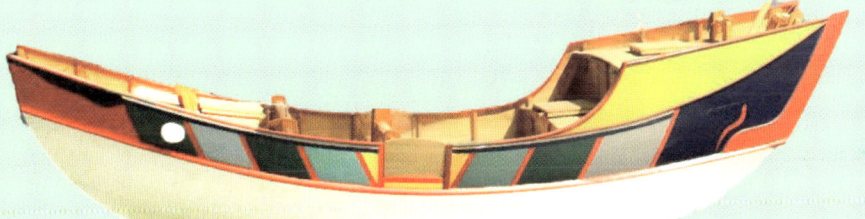

1. 船体

2. 船锚

3. 船帆

我觉得像可爱的小鸟。

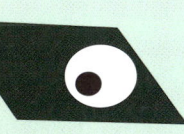

4. 龙目

贴上大眼睛的船，是不是像一条鱼？

41

辨色彩

多彩的福船，都有哪些颜色呢？动手连一连。

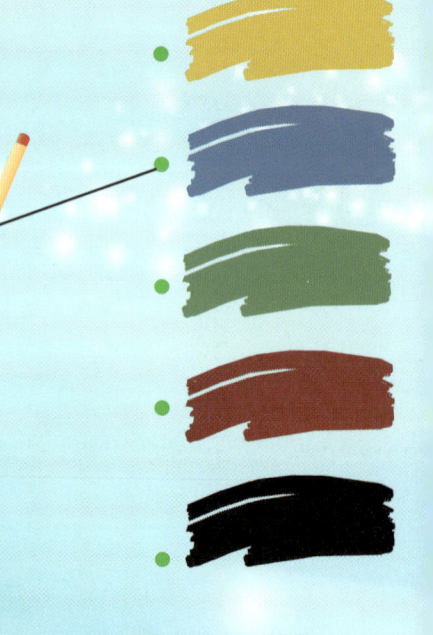

火眼金睛

福船在哪里呢？快找一找吧！

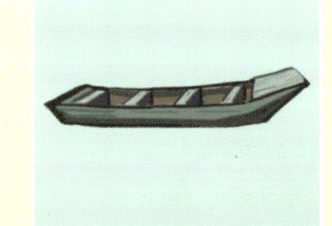

思奥秘

小福船分享了它的远航故事，让我们一起看一看吧！

在航行中，每次遇到风暴，我独特的身形和帆总能帮助人们化险为夷。

我途经许多国家或地区，听过各种各样的语言。你们瞧，他们的服装是不是各具特色？

罗马　非洲　韩国　阿拉伯　印度

我们会给各个国家的人送上礼物，同时他们也会送我们当地的特产，都装在我的肚子里啦！

sī chóu
丝绸

zhū bǎo
珠宝

cí qì
瓷器

cháng jǐng lù
长颈鹿

xiāng liào
香料

肉桂　胡椒　丁香

43

感知闽南福船

（表现与创造）

❀ 主题活动情境

经过上一主题活动的学习，小朋友们已经了解了"小福船"的独特之处与奇妙的远航故事，你们喜欢这位新朋友吗？喜欢它的人们，以文字、摄影、手工等不同形式记录下它的样子，表达了自己的喜爱之情。那么今天请小朋友们尝试用水彩这一特别的形式来记录下你印象中的"小福船"吧！

❀ 主题活动任务

绘画能够很好地表现内心印象与情感。绘画者通过水彩画的创作，能使心中的感受形象化。在创作的过程中，绘画者能够体会水彩画的特性与绘制技巧。小朋友通过与同学的交流，能够更好地表达自己的感受与想象。

❀ 主题活动目标

能知道：关于福船的历史故事，福船的外形和色彩特征。

能做到：运用水彩绘画工具，创作福船水彩画，并与同学交流创作构想与感受。

能理解：福船的历史文化价值。

❀ 主题活动评价

1. 学生能否正确辨别福船中的色彩，把握福船的外形特征。

2. 学生能否通过了解福船的远航故事加深对福船相关历史文化的认识。

❀ 中国智慧

空间营造

福船水彩画

水彩不同于我们接触过的其他材料，快来感受一下它的独特效果吧！

活动名称：福船水彩画
适合年级：幼儿园大班
创作类型：水彩
准备材料：水彩颜料、笔刷、调色盘、纸胶带、白卡纸、纸巾、胶水、喷壶、牙签
活动时长：40分钟

寻找灵感

1 在前面的小游戏中，小朋友们看到了各种各样的福船。这些船由船体、船帆等部位构成，制作时要试着表现出这些小细节。

准备材料

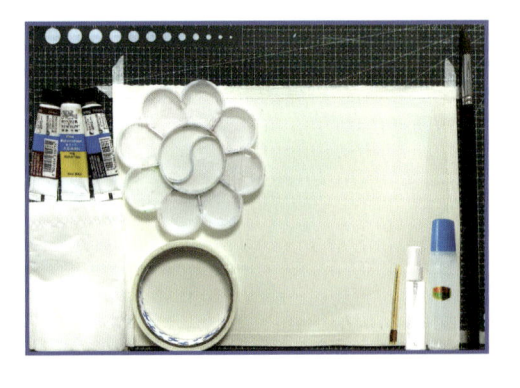

2 水彩颜料、笔刷、调色盘、纸胶带、白卡纸、纸巾、胶水、喷壶、牙签。

涂背景

3 用纸胶带固定卡纸四周,用笔刷蘸取大量水,调出淡蓝色刷在纸上,等待晾干。

画船身

4 在调色盘上调出深色,滴入适量胶水,加水搅拌均匀,用纸巾剪贴出船形,并刷上颜色。用同样的步骤多画一些小船。

画船帆

5 用牙签蘸取棕色画出船的桅杆,再用笔刷蘸取淡红色刷出船帆。

完成

6 最后在喷壶里装入淡白色颜料,喷洒在画面中,作品就完成了,你也动手试试吧!

作者:＿＿＿＿＿＿＿＿＿＿　　创作时间:＿＿＿＿＿＿＿＿＿＿